Simon Schmidt

Politische und kulturelle Aspekte in Johann Gottfried Herders "Negeridyllen"

GRIN Verlag

Bibliografische Information der Deutschen Nationalbibliothek:

Die Deutsche Bibliothek verzeichnet diese Publikation in der Deutschen National-
bibliografie; detaillierte bibliografische Daten sind im Internet über http://dnb.d-
nb.de/ abrufbar.

Impressum:

Copyright © 2011 GRIN Verlag GmbH
Druck und Bindung: Books on Demand GmbH, Norderstedt Germany
ISBN: 978-3-656-37774-0

Dieses Buch bei GRIN:

http://www.grin.com/de/e-book/210005/politische-und-kulturelle-aspekte-in-johann-
gottfried-herders-negeridyllen

GRIN - Your knowledge has value

Der GRIN Verlag publiziert seit 1998 wissenschaftliche Arbeiten von Studenten, Hochschullehrern und anderen Akademikern als eBook und gedrucktes Buch. Die Verlagswebsite www.grin.com ist die ideale Plattform zur Veröffentlichung von Hausarbeiten, Abschlussarbeiten, wissenschaftlichen Aufsätzen, Dissertationen und Fachbüchern.

Besuchen Sie uns im Internet:

http://www.grin.com/

http://www.facebook.com/grincom

http://www.twitter.com/grin_com

UNIVERSITÄT KASSEL

Fachbereich 2

Germanistik

Hausarbeit zum Seminar

Johann Gottfried Herder

Negeridyllen

Name: Simon Schmidt

Studiengang: Wirtschaftspädagogik

Abgabetag: 07.09.2011

INHALTSVERZEICHNIS

1 Einleitung:

In dieser Hausarbeit soll, unter Bezugnahme von Herders „Briefe zur Beförderung der Humanität", ein Blick auf die damaligen politischen und kulturellen Ansichten und Gegebenheiten geworfen werden. Der Fokus wird dabei auf den Kolonialismus und den Sklavenhandel gerichtet sein, um der Frage nachzugehen, inwieweit sich Herder von den damaligen Vorstellungen und Gesetzen abgrenzte bzw. diese unterstützte und welchen Einfluss seine Ausführungen auf die Gesellschaft hatten. Dabei sollen sowohl die Gesellschaft zu Herders Lebzeiten, als auch spätere politische Systeme, insbesondere der Nationalsozialismus, betrachtet werden.

1.1   Zur Person:

Johann Gottfried Herder (* 25. August 1744 in Mohrungen, Ostpreußen; † 18. Dezember 1803 in Weimar, Sachsen-Weimar-Eisenach), Sohn des Kantors und Schullehrers Gottfried Herder und dessen zweiter Ehefrau Anna Elisabeth, geb. Peltz, war ein deutscher Dichter, Theologe, Übersetzer, und Geschichts- und Kultur-Philosoph der Weimarer Klassik. Herder gehört mit Christoph Martin Wieland, Friedrich Schiller und Johann Wolfgang Goethe zum klassischen „Viergestirn" von Weimar. Neben Wilhelm von Humboldt (1767-1835) und Friedrich Heinrich Jacobi (1743-1819) galt Herder als der dritte und zugleich einflussreichste "Glaubensphilosoph" seiner Zeit - als vierter wurde Friedrich Schleiermacher (1768-1834) bezeichnet; neben Lessing wird er aber auch als der große Vorbereiter der deutschen Klassik und Romantik angesehen, als Verkünder und Klärer des christlichen Humanitätsideals.[1]
Neben seinen Werken „Abhandlung über den Ursprung der Sprache" (1772) oder „Ideen zur Philosophie der Geschichte der Menschheit" (4 Teile 1784/91) sind besonders seine „Briefe zur Beförderung der Humanität; zehn Sammlungen" (1793–1797) kulturell und insbesondere politisch prägende Werke über seine Lebenszeit hinaus.

2 Kolonialismus

2.1   Herders Kritik

Aber warum müssen Völker auf Völker wirken, um einander die Ruhe zu stören? Man sagt, der fortgehend wachsenden Kultur wegen; wie gar etwas anders sagt das Buch der Geschichte![2]

---

[1] Koch, http://www.karl-may-gesellschaft.de/kmg/seklit/JbKMG/1981/166.htm
[2] Herder, S.233

Hatten Eroberungen den Zweck Kultur weiter zu entwickeln? Und haben diese Kreuzzüge das auch geschafft? Ist dieser „Fortschritt" höher zu bemessen als das Leid, das durch die Besatzer entstand? Diesen Fragen entgegnet Herder:

Nenne man das Land, wohin Europäer kamen und sich nicht durch Beeinträchtigungen, durch ungerechte Kriege, Geiz, Betrug, Unterdrückung, durch Krankheiten und schädliche Gaben an der unbewehrten, zutrauenden Menschheit [...] versündigt haben! Nicht der weise, sondern der anmaßende, zudringliche, übervorteilende Teil der Erde muß unser Weltteil heißen; er hat nicht kultiviert, sondern die Keime eigner Kultur der Völker, wo und wie er nur konnte, zerstöret.[3]

Herder übt hier sehr scharfe Kritik am europäischen Kolonialismus, der ihn vor „Menschenfeindlichkeit" erschaudern lässt. Durch die gottgegebene Vorsehung ist der Weiße ein Werkzeug geworden, dass *„durch eine rastlose höllische Tätigkeit im größesten Reichtum arm, von Begierden gefoltert, von üppiger Trägheit entnervt, am geraubten Gift ekel und langweilig"* stirbt.[4] Herder scheint fast Mitleid mit seinem *„Geschlecht"* zu haben, die nur in diesem Wege *„den Nationen Heil und Trost"* zu sehen vermögen. Besonders hart nimmt er den britischen Kolonialismus ins Gericht:

Die Nation ist bekannt, die sich hierin ganz zweifellos äußert. ,Rule, Britannia, rule the waves;' mit diesem Wahlspruch, glaubt mancher, seyn ihm die Küsten, die Länder, die Nationen und Reichthümer der Welt gegeben. Der Capitain und sein Matrose seyn die Hauptträger der Schöpfung, durch welche die Vorsehung ihr ewiges Werk ausschließend zur Ehre der britischen Nation, und zum Vortheil der indischen Compagnie bewirket.[5]

Große Zweifel hegt er an der Rechtmäßigkeit des Denkens, dass alle Völker sich dem europäischen Weltbild unterzuordnen hätten. Jeder Genius der Menschheit solle nach Herder „Schriften, die den an sich schon unerträglichen Stolz der Europäer durch schiefe, unerwiesene oder offenbar unerweisbare Behauptungen nähren, verachten und sie als unmenschlich" bezeichnen.[6]

2.2 Die deutsche Rolle in der Sklavereidebatte

Es stellt sich nun die Frage, welche Rolle die Sklaverei in Deutschland spielte. Diese Thematik scheint Ende des 18.Jahrhunderts auf den ersten Blick eher nebensächlich zu sein.

---

[3] Herder, S.234f

[4] Vgl. Herder, S.236

[5] Herder, Briefe zur Beförderung der Humanität, S. 261.

[6] Vgl. Herder, S.251

Deutschland hatte zu diesem Zeitpunkt weder Kolonien, noch war es auch nur annähernd in dem Umfang am transatlantischen Sklavenhandel beteiligt, wie es Frankreich und England waren. Zudem hatte Deutschland mit seinen vielen autonomen Teilstaaten und komplexen Strukturen eigentlich genug mit eigenen innen- und außenpolitischen Fragen zu kämpfen, als dass man sich mit einem Thema auseinandersetzen müsste, von dem man nur bedingt betroffen war. Deutschland befand sich Ende des 18.Jahrhunderts genau wie das restliche Europa in einer Phase des Umbruchs von tiefgreifender, politischer und gesellschaftlicher Tragweite. Französische Revolution, Aufklärung, Auflösung der Ständegesellschaft, Merkantilismus und Frühkapitalismus, um nur einige Begriffe zu nennen, veränderten das Bewusstsein der Menschen und weckten das Interesse in deutschen Gelehrtenkreisen an der Sklavereidebatte. So finden sich neben Herders Kommentaren auch viele bekannte (wie beispielsweise Goethe) und unbekannte Intellektuelle in den vielen jungen deutschen Zeitschriften dieses Zeitraums, die zahlreiche und zum Teil sehr kontroverse Beiträge über eine Abschaffung bzw. Beibehaltung des Sklavenhandels verfassten. All diese Ausführungen waren geprägt von einem Bewusstsein für das Leid der Sklaven in Übersee und einem hohen Informationsstand über die historischen Fakten, über die unterschiedlichen Positionen und Argumentationsstrategien der im Ausland geführten Debatte.[7]

Unzufriedenheit, aber auch zunehmende Politisierung entstanden vor allem in deutschen Gelehrtenkreisen aufgrund dieser unklaren politischen Verhältnisse. Die um die Jahrhundertmitte einsetzende Patriotismusdebatte spiegelte das Bedürfnis nach einem „Vaterland", auch wenn derartige Überlegungen sich zunächst auf eine Einheit als „Kulturnation" und (noch) nicht auf politische Lösungen bezogen. Diese Stimmung, das Gefühl sich in Deutschland in einer defizitären und reformbedürftigen Lage zu befinden, schwingt immer mit, wenn deutsche Gelehrte sich im ausgehenden 18. Jahrhundert mit Sklaverei Frage oder Kolonialismus (bei Herder z.B. gehört beides eng zusammen) beschäftigten. Über die moralische Verurteilung der Sklaverei konnte die eigene „Schwäche" des politischen Rückstandes, gegenüber anderen europäischen Mächten, in ein Gefühl der Überlegenheit umgewandelt werden.[8]

2.3 Abolitionsbewegung

Die Vorkämpfer der „Abolitionsbewegung"[9], die erstmalig die Abschaffung des Sklavenhandels forderten und zum Teil bereits die Sklaverei insgesamt in Frage stellten, setzten in Eu-

---

[7] Vgl. Riesche S.10

[8] Vgl. Riesche S. 36

[9] „Abolitionsbewegung" leitet sich von dem englischen Wort ‚abolition' – Abschaffung – ab

ropa einen Prozess der Sensibilisierung in Gang, an dem offensichtlich auch die Dramatiker der Sklavenstücke partizipierten. In den letzten zwei Jahrzehnten des 18. Jahrhunderts formierte sich in ganz Europa und vor allem in Großbritannien eine starke, nationen- und klassenübergreifende Bewegung, die vehement die Abschaffung des europäischen Handels mit Afrikanern, den sogenannten „Negersklaven", und teilweise auch bereits das Ende ihrer Versklavung auf den karibischen und mittelamerikanischen Plantagen forderte. Ihre Anhänger nannten sich „Abolitionisten" oder englisch „abolitionists".

Diese früh-aufklärerischen staats- und rechtsphilosophischen Ansätze gingen von den christlichen Freikirchen aus. Schon der Gründer des Quäkerordens[10], George Fox, hatte seine Anhänger zu einem menschlichen Umgang mit den Sklaven aufgerufen. 1688 erschien in Pennsylvania die erste vieler Schriften, in der Sklaverei und Sklavenhandel durch die Quäker grundsätzlich und scharf verurteilt werden. Anfang bis Mitte des 18.Jahrhunderts verpflichteten sich die englischen und amerikanischen Mitglieder der Gemeinschaft, sich weder direkt noch indirekt am Sklavenhandel zu beteiligen. Mit ihrer beispiellos grundsätzlichen Ablehnung der Sklaverei wurden die Quäker in der zweiten Hälfte des 18. Jahrhunderts zur treibenden Kraft innerhalb der Abolitionsbewegung.[11] Ihre Verdienste würdigte Herder in seinen Briefen zur Beförderung der Humanität:

„Die tätigsten Bemühungen zur Abschaffung des schändlichsten Negerhandels und Sklavendienstes sind ihr Werk."[12]

Auch in der Debatte selbst finden sich zahlreiche Anschlusspunkte und Überschneidungen mit Grundsatzfragen, die im ausgehenden 18. Jahrhundert in anderen Zusammenhängen ebenfalls intensiv diskutiert wurden. Besonders zentral und offensichtlich ist dabei die Vorstellung von einer Gleichheit aller, schwarzer wie weißer Menschen, die alle Abolitionisten zum Ausgangspunkt ihrer Forderungen nach einer gesellschaftlichen, politischen und rechtlichen Gleichstellung machten. Damit partizipierte der Abolitionsgedanke an dem viel umfassenderen Egalitäts- und Menschenrechtsdiskurs, der auf verschiedenen Ebenen und unter moralischen, politischen und theologischen Gesichtspunkten im ausgehenden 18. Jahrhundert in ganz Europa intensiv geführt wurde. Er trug gleichzeitig maßgeblich, mit der Auswei-

---

[10] Die Quäker (auch: Religiöse Gesellschaft der Freunde) sind eine christliche Religionsgemeinschaft die vor allem in den englischsprachigen Teilen der Welt und in Afrika Verbreitung fand.

[11] Vgl. Riesche, S.18

[12] Herder, Johann Gottfried von: Briefe zur Beförderung der Humanität (1793-97), zitiert nach Loth, S. 202.

tung des Geltungsbereichs, auf die Verhältnisse in den amerikanischen Kolonien und die Universalisierung der dort lebenden „Nicht-Europäer" bei.[13]

Festzuhalten ist, dass neben den Forderungen und Ideen der Abolitionisten auch die internationalen Beziehungen, die Veränderungen in der Kolonialpolitik der europäischen Nationen und wirtschaftliche Entwicklungen mitberücksichtigt werden müssen. So wird das Ende des Sklavenhandels unter anderem auf den Eintritt der europäischen Ökonomien ins industriekapitalistische Stadium zurückgeführt. Wegen neuer Produktionsweisen und Anforderungen hätte freie Arbeit die Sklavenarbeit mehr und mehr abgelöst.[14]

3 Thesen der Rassenfrage im 18.Jahrhundert

3.1 Der edle Wilde und der degenerierte Weiße

Im 18.Jahrhundert war man in der Ursprungsfrage der Rassenentstehung gespalten. Die „Polygenisten" teilten die Menschen in unterschiedliche, voneinander getrennte „Varietäten", „Rassenkreise" oder Spezies ein und hielten die Existenz verschiedener „Ur-Paare" bzw. Ursprungsorte für möglich. Theologisch weitergedacht, sprachen sie mit dieser These jedoch direkt oder indirekt anderen Völkerschaften das Recht ab, ebenfalls als Ebenbilder Gottes zu gelten und Gerechtigkeit und Nächstenliebe einzufordern. Die „Monogenisten", zu denen auch Herder gehörte und die im 18.Jahrhundert die Mehrheit darstellten, stritten dagegen weiterhin für eine einheitliche Abstammung der Menschen. Diese Seite sah sich nun aufgefordert, ihre theologisch gegründete Überzeugung von einer Einheit des Menschengeschlechts auch naturgeschichtlich überzeugend darzustellen und zu erklären.[15]

Eine verbreitete These in diesem Zusammenhang stellte die „Klimatheorie" dar, die neben Herder unter anderem auch Kant vertrat. Die Unterschiede in Körperbau, menschlichen Physiognomien, Hautfarben, kulturellen Ausprägungen und „Charakteren", die man beobachtete, seien allein Ergebnisse eines Anpassungsprozesses an die klimatischen Gegebenheiten des jeweiligen Lebensraumes. Sie wurden als Folge von Einflüssen interpretiert, zu denen neben dem Klima auch die in Flora und Fauna zur Verfügung stehenden Nahrungsmittel oder die geographischen Herausforderungen gehören konnten, die ein Ort an seine Bewohner stellt.[16]

---

[13] Vgl. Riesche, S.26
[14] Vgl. Loth S. 200
[15] Vgl. Riesche, S.62
[16] Vgl. Riesche, S.63

„Denn wenn der Mohr in Zimmern, und der Kreole in Europa aufgewachsen ist, so sind beide von den Bewohnern unsers Welttheils nicht zu unterscheiden.“[17]

Fraglich schien nun die Klärung nach der Ur- bzw. Idealform des Menschen. Nach welchem Maßstab sollte bewertet werden, aus welchem Stamm sich die Menschheit entwickelt und wo sich die Anlagen am fortschrittlichsten und weitesten ausgeprägt haben?

Naheliegend scheint das Ergebnis vieler Texte, dass die Reinform des Menschen natürlich im europäischen Raum zu finden sei und andere Völker lediglich klima- und ortsbedingte Abweichungen seien. So bezeichnet Blumenbach das Gesicht der *„kaukasischen“* (europä-isch-weißen) *„Ursprungsrasse“* als *„Ausgangsform“*, von dem die Gesichter der anderen Völ-ker in Profil und Breite abgewichen seien, als *„nach unserem Urtheile von Symmetrie, die schönste und wohlgebildetste Gesichtsform“*[18]

Herder entgegnete dieser Vorstellung in seinem 116. Brief seinen Wunsch nach einer im menschlichen Sinne geschriebenen Naturgeschichte der Menschheit wie folgt:

Vor allem sei man unparteiisch wie der Genius der Menschheit selbst; man habe keinen Lieblingsstamm, kein Favoritvolk auf der Erde. Leicht verführt eine solche Vorliebe, daß man der begünstigten Nation zu viel Gutes, anderen zu viel Böses zuschreibe. Wäre vollends das geliebte Volk bloß ein kollektiver Name (Kelten, Semiten, Kuschiten u. f.), der vielleicht nir-gend existiert hat, dessen Abstammung und Fortpflanzung man nicht erweisen kann, so hät-te man ins Blaue des Himmels geschrieben.[19]

Selbst bei Herder, der die Gleichwertigkeit und Existenzberechtigung aller Formen menschli-chen Lebens unaufhörlich zu betonen bemüht war und gerade in der Vielfalt das ganze Mög-lichkeitsspektrum gottgegebenen Menschseins erkannte, kommt es im Zusammenhang mit seiner Theorie von einer fortschreitenden Entwicklung der Menschheit zu Humanität und Selbsterweiterung unweigerlich immer wieder zu Wertungen. Denn der Europäer (bzw. der Deutsche) wird an vielen Stellen auf einer diesem Ideal näheren Entwicklungsstufe verortet als viele andere Völker, die sich noch in sinnlicheren, triebhafteren Zuständen befinden und diese nicht verlassen können.[20]

---

[17] Kant, Bestimmung des Begriffs einer Menschenrasse, S. 319, zitiert nach Riesche, S. 63

[18] Blumenbach, Über die natürlichen Verschiedenheiten im Menschengeschlechte, S. 130f, zitiert nach Riesche, S.63

[19] Herder, S.261

[20] Vgl. Priester, S.85ff.

Doch trotz dieses durchaus positiven Blickes auf fremde außereuropäische Völker trifft Herder auch Wertungen hinsichtlich der geistigen und emotionalen Kapazitäten und der körperlich-ästhetischen Qualitäten verschiedener menschlicher Ethnien, die sehr wohl eine Rangfolge implizieren:

„Alle sind berufen, aber nur wenige sind auserwählt."[21]

Herder führt die großen Unterschiede zwischen den Völkern in Körperbau und Aussehen, Kultur und Mentalität in noch viel stärkerem Maße als seine Zeitgenossen auf geographische und klimatische Lebensbedingungen zurück, da in der perfekten Anpassung eines jeden Volkes an die jeweiligen Gegebenheiten seiner Umgebung die „weise Voraussicht der Natur" steht, die von ihm zugleich immer auch als göttlicher Wille verstanden ist.

So kommt es zu einer recht widersprüchlichen Bewertung:

Auf der einen Seite scheint der Schwarzafrikaner durch seinen angepassten „Naturkörper" sich seiner Lebenswelt perfekt anzupassen den man für seine Unbedarftheit beneidet und für seine Kraft und Geschicklichkeit bewundert:

Sein schlanker Körper plätschert im Wasser, als ob er fürs Wasser gemacht sei, er klettert und läuft, als ob jedes seine Lustübung wäre; und ebenso gesund und stark, als er munter und leicht ist, erträgt er durch seine andere Konstitution alle Unfälle und Krankheiten seines Klimas, unter denen so viele Europäer unterliegen.[22]

Andererseits scheint Herder den Schwarzen aufgrund seines angeblichen mangelnden Intellekts den Affen nahe zu stellen, indem er ihm eine Animalität zuschreibt, die sich auf „eine, verglichen mit dem Europäer, mangelhafte Entfaltung noch ganz im Triebhaften gefangener Geisteskräfte" bezieht. Diese Aussage war von Herder jedoch nie als reale biologische Verwandtschaft gemeint, da die mit seiner monogenistischen Grundthese unvereinbar wäre.[23]

3.2 Negeridyllen

Der schwarze Sklave verkörpert beispielhaft die Opfer des eurozentrischen und profitsüchtigen, europäischen Machtstrebens. In dieser Rolle erscheint er vor allem in den ironischer-

---

[21] Herder, zitiert nach Priester, S.94

[22] Herder, Ideen zur Philosophie einer Geschichte der Menschheit, zitiert nach Riesche, S.103

[23] Vgl. Riesche, S.103

weise als Negeridyllen betitelten Kapiteln, die in lyrischer Form von grausamen Plantagen-besitzern und aufs Schrecklichste gequälten und gefolterten Sklaven erzählen[24]:

„Ich sah den menschenwidrigsten
Anblick. Ein Neger, halb zerfleischt,
Zerbissen; schon ein Auge war
Ihm ausgehackt. Ein Wespenschwarm
An offenen Wunden sog aus ihm
Den letzten Saft. Ich schauderte."[25]

In „Die Frucht am Baume" berichtet Herder von einem Sklaven, der von seinem Besitzer in einen Käfig am Baum gesperrt und den Vögeln als Fraß überlassen wurde, als Strafe dafür, dass er sich am Verführer seiner Frau rächte.

Trotz ihrer brutalen und ungerechten Behandlung zeigen die Sklaven in Herders „Idyllen" eine ungetrübte, fast übermenschliche Größe. Lieber hacken sie sich eine Hand ab und ster-ben an der Wunde, als einen unschuldigen Leidensgenossen auf Befehl des Aufsehers um-zubringen.[26] Auch Rache, selbst bei tiefster Kränkung und ungerechter Strafe, ist ihnen fremd.[27] Und ihre Treue geht so weit, dass sie, behandelt man sie gut, ihrem Herrn freiwillig weiterdienen, selbst wenn dieser ihnen die Freiheit schenkt.[28]

So stellt sich Herder gegen die vorherrschende Sklavendarstellung und macht den „Neger-sklave" zum Inbegriff christlich-moralischer Ideale. Er hält der europäischen Gesellschaft den moralischen Spiegel vor und zeigt ihnen, dass ihre eigenen moralischen und ideellen Werte mit der Sklaverei und dem Kolonialismus nicht mehr als leere Phrasen sind, um die eigene kulturelle Vorrangstellung zu rechtfertigen.

Bei dieser kritischen Selbstbefragung geht Herder noch einen Schritt weiter. Immer wieder beschäftigt ihn in den Briefen die Frage *„wie fremde Nationen uns ansehen, was sie von un-serer Cultur und Religion, von unseren Sitten und Gebräuchen denken"*[29] Der Fremde, be-sonders häufig der Schwarze, wird eingesetzt, um das Eigene zu verfremden. Die einge-schränkte, „eurozentristische" Perspektive, so zeigen die vielen Anekdoten, die er zu diesem

---

[24] Vgl. Riesche, S.105
[25] Herder, S. 237
[26] Vgl. Herder, S.238
[27] Vgl. Herder, S.239
[28] Vgl. Herder, S.246f
[29] Vgl. Herder, Briefe zur Beförderung der Humanität, S. 94, zitiert nach Riesche, S.106

Thema sammelt, ist nur eine von vielen und kann weder mehr noch weniger als andere absolute Wahrheit für sich beanspruchen[30]:

„Der Neger hat so viel Recht, den Weißen für eine Abart, einen gebornen Kakerlacken zu halten, als wenn der Weiße ihn für eine Bestie, für ein schwarzes Tier hält. So der Amerikaner, so der Mungale. [..] Der Neger, der Amerikaner, der Mongol haben Gaben, die der Europäer nicht hat. Vielleicht ist die Summe gleich; nur in verschiednen Verhältnissen und Kompensationen. […] Das Urbild, der Prototyp der Menschheit, liegt also nicht in einer Nation eines Erdstriches; er ist der abgezogene Begriff von allen Exemplaren der Menschennatur in beiden Hemisphären."[31]

4 Herders Einfluss auf den Nationalsozialismus

Von einem ganz anderen, aber auch nicht unproblematischen Differenzdenken sind die Schriften des Sklavereigegners und Antikolonialisten Johann Gottfried Herder geprägt. Der betonte im Gegensatz zu vielen seiner Zeitgenossen zwar den Eigenwert von Kulturen, schuf jedoch mit ihrer mythologischen Überhöhung zu nationalen „Volksseelen" und seinem entschiedenen Eintreten gegen die kulturelle und biologische Vermischung verschiedener Völker Voraussetzungen für späteres nationalistisches bzw. rassistisches Denken. Zudem nahm auch Herder dezidiert ethnozentristische Wertungen vor und qualifizierte gerade die Schwarzafrikaner als stumpfsinnige, triebgesteuerte Menschen mit animalischen Zügen ab. Längst nicht jedes Volk könne die ihm eigenen natürlichen und kulturellen Anlagen so zur Vervollkommnung bringen, dass sie dem „Humanitäts"-Ideal nahe kommt. Die schwarzen Afrikaner, durch ihr heißes Klima bereits benachteiligt, gehören für Herder definitiv nicht dazu, die Deutschen jedoch, mit den ihnen eigenen Begriffen von Ehre und Freiheit, sehr wohl.[32]

In der Literatur finden sich immer wieder Stimmen, die in Herder den Begründer des modernen deutschen Nationalismus sehen. Herder sei zwar nicht „wegen moderner Auswüchse [zu] tadeln, aber doch die eigentliche Quelle und der Vater des modernen Nationalismus".[33] Immer wieder wurde bereits Ende des 19.Jahrhunderts versucht Herders Werke für politische Zwecke in Anspruch zu nehmen. Dieses scheiterte zumeist an dem als weichlich und schwächlich beurteiltes Humanitätsideal Herders. Herder habe zwar schon „an die robuste-

---

[30] Riesche, S.106

[31] Vgl. Herder, S.262

[32] Vgl. Priester S. 92ff

[33] Gilles, S.11 und S.217

ren und männlicheren Aufgaben der Nation" gedacht, sei aber von seinem universalen Humanitätsideal in seinen politischen Gedanken geschwächt worden.[34]

Nach dem ersten Weltkrieg kam es zu einer verstärkten Inanspruchnahme Herders für das nationale Denken. Besonders Vereinnahmt wurde Herder in der nationalsozialistischen Germanistik, in deren Zentrum der Volksgedanke gerückt war. So wurden Parallelen zwischen Hitler und Herder gezogen, die ihm nach Beendigung der Nazizeit einen zweifelhaften Ruf und Misstrauen einbrachten. Herder wurden Führerqualitäten nachgesagt aufgrund seiner „prophetischen Ahnung Großdeutschlands", die ihm das Urteil von Hans Dahmen einbrachte: „Von Herder zu Hitler – das ist ein schicksalsreicher Weg des deutschen Geistes wie des deutschen Staates."[35]

Die Verschiedenheit der Sprachen, Sitten, Neigungen und Lebensweisen sollte ein Riegel gegen die anmaßende Verkettung der Völker, ein Damm gegen fremde Überschwemmungen werden; denn dem Haushalter der Welt war daran gelegen, daß zur Sicherheit des Ganzen jedes Volk und Geschlecht sein Gepräge, seinen Charakter erhielt. Völker sollten nebeneinander, nicht durch- und übereinander drückend wohnen.[36]

Ignoranz gegenüber dem Eigenwert anderer Lebensformen und jegliche Bestrebungen, die Menschen anderer Völker und Nationen zu beherrschen und ihnen die eigene Kultur aufzuzwängen, verurteilte Herder aufs Schärfste.

5 Fazit

Abschließend betrachtet scheint Herder in seinem Denken seiner Zeit um einige Schritte voraus gewesen zu sein. Seine scharfe Kritik am Kolonialismus und seine Antisklaverei-Haltung zeugen von einer fortschrittlichen Denkweise. Dies bestätigt sich auch in seiner unterstützenden Haltung gegenüber der Abolitionsbewegung, auch wenn diese nicht eindeutig für das Ende der Sklaverei verantwortlich gemacht werden kann. Wenn auch eher ökonomische Aspekte die tragende Rolle dabei spielte, ist diese Bewegung doch ein wichtige kognitiver Aspekt für den Umgang mit dem Thema in der damaligen Zeit.

Sein fehlendes Wissen über die menschliche Evolution lässt sich aus heutiger Sicht sicherlich kritisch betrachten und erklärt möglicherweise auch, warum sich die Nationalsozialisten seine Ausführungen zu Nutze machen konnten. Jedoch gewinnt man nach intensiver Auseinandersetzung mit der Person Herder die Gewissheit, dass er sich in seinen Briefen für ein

---

[34] Meinecke, S.32

[35] Vgl. Löchte, S.76

[36] Herder, S.249f

gleichberechtigtes, friedliches Nebeneinander der Kulturen ausspricht, das von Toleranz und gegenseitiger Befruchtung geprägt ist. Seine anfänglichen Widersprüche, die eher den Sklavereibefürwortern in die Hände spielte, als ihnen argumentativ zu wiedersprechen, entwickelten sich im Laufe der Zeit zu manifestartigen Formulierungen, die Herder als den überzeugten Humanisten darstellen, der er gewesen ist. Diese Entwicklung steht meiner Ansicht nach im engen Zusammenhang mit seiner Kritik an Tendenzen in der Wissenschaft, Politik und Gesellschaft Deutschlands. Mit seinen „Negeridyllen" hielt Herder der europäischen Gesellschaft auf zynische Weise den Spiegel vor und änderte Nachhaltig ihr Bewusstsein. So entstand aus dem rebellierenden Sklaven ein Mensch, der seine Rechte wahrnimmt, indem er sich, auch „mit List oder mit Gewalt", gegen seinen Unterdrücker zur Wehr setzt. Nach Herder gibt es keine angeborene Vornehmbarkeit, da jede Nation seine Individualität beibehalten muss um sich frei entfalten zu können.

Sicherlich kann hier nur ein grober Umriss der damaligen politischen Verhältnisse und der vorherrschenden Meinung über Sklaven und Kolonialherrschaften gezeichnet werden. Trotzdem denke ich, dass man die Fortschrittlichkeit und humanistische Denkweise Herders, die einen gewichtigen Anteil an der Entstehung gleichberechtigter Existenz der verschiedenen Völker vorantrieb, erkennen kann.

6 ANHANG

I Quellenverzeichnis

a. LITERATURVERZEICHNIS

Primärquellen:

Riesche Barbara: Schöne Mohrinnen, edle Sklaven, schwarze Rächer. Schwarzendarstellung und Sklavereithematik im deutschen Unterhaltungstheater. München,Univ., Diss., 2007

Herder, Johann Gottfried: Briefe zur Beförderung der Humanität. 2 Bände, Band 2, Berlin und Weimar 1971.

Sekundärquellen:

Gilles, Alexander: Herder. Der Mensch und sein Werk. Hamburg 1949 (Englische Erstausgabe 1945)

Loth, Heinrich: Sklaverei. Die Geschichte des Sklavenhandels zwischen Afrika und Amerika. Wuppertal: Hammer 1981

Löchte, Anne: Johann Gottfried Herder, Königshausen & Neumann, Würzburg 2005

Meinecke, Friedrich: Weltbürgertum und Nationalstaat. Studien zur Genesis des deutschen Nationalstaates (1907). München, Berlin 1928

Priester, Karin: Rassismus. Eine Sozialgeschichte. Leipzig: Reclam 2003

b. INTERNETPUBLIKATIONEN

Koch, Ekkehard: Jedes irdische Geschöpf hat eine Berechtigung zu sein und zu leben. Zum Verhältnis von Karl May und Johann Gottfried Herder In: http://www.karl-may-gesellschaft.de/kmg/seklit/JbKMG/1981/166.htm (letzter Stand: 01.09.2010, 12:41)